Couverture inférieure manquante

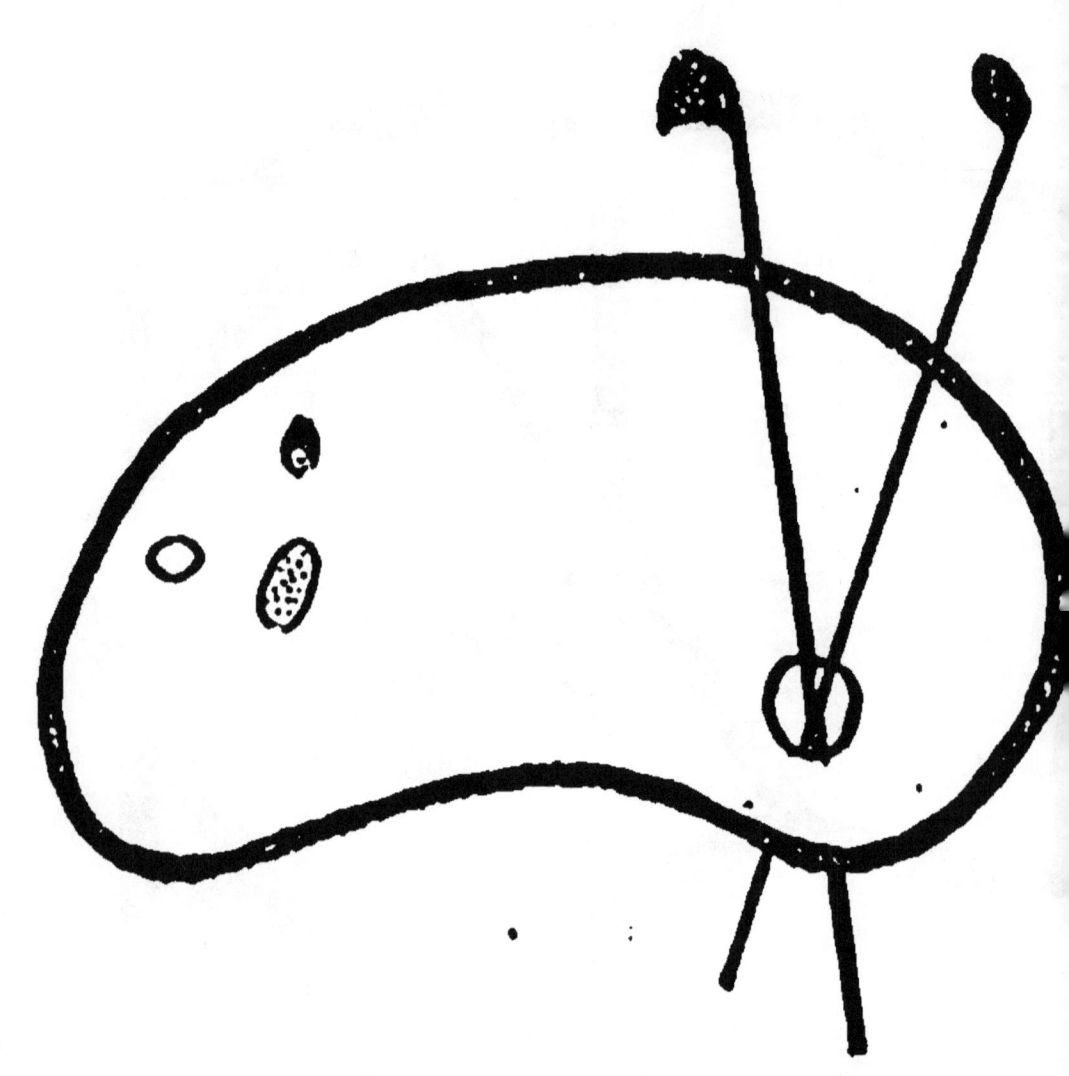

NOTES

POUR SERVIR A L'HISTOIRE

DE

LIMOGES

ET DU LIMOUSIN

PAR

Martial MASSALOUX

Ancien Conducteur principal des Ponts et Chaussées
chargé d'un service d'ingénieur dans la Haute-Vienne.

LIMOGES
IMPRIMERIE-LIBRAIRIE Ve H. DUCOURTIEUX
Libraire de la Société archéologique et historique du Limousin
7, RUE DES ARÈNES, 7

1896

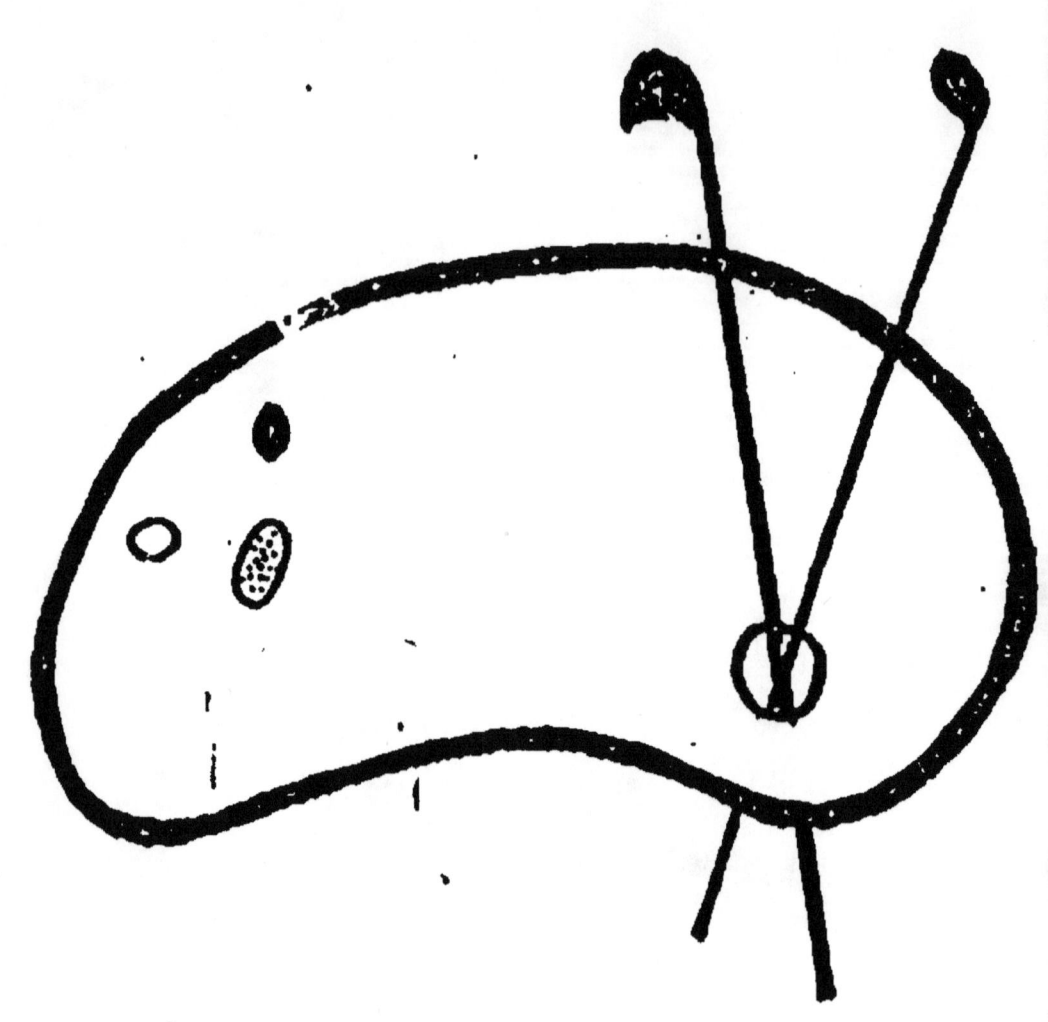

FIN D'UNE SERIE DE DOCUMENTS
EN COULEUR

NOTES

POUR SERVIR A L'HISTOIRE

DE

LIMOGES

ET DU LIMOUSIN

PAR

MARTIAL MASSALOUX

Ancien Conducteur principal des Ponts et Chaussées
chargé d'un service d'ingénieur dans la Haute-Vienne.

LIMOGES
IMPRIMERIE-LIBRAIRIE Vᵉ H. DUCOURTIEUX
Libraire de la Société archéologique et historique du Limousin
7, RUE DES ARÈNES, 7

1896

PRÉFACE

Je ne crois pas avoir besoin d'indiquer le but que j'ai voulu atteindre en écrivant ce recueil des souvenirs qui me sont restés d'une longue carrière et des renseignements qui m'ont été fournis par des personnes obligeantes qui ont bien voulu me prêter leur concours; la simple lecture de ces notes suffira pour démontrer l'utilité de leur publication et pour excuser leurs imperfections.

NOTE POUR SERVIR A L'HISTOIRE

DE

LIMOGES ET DU LIMOUSIN

PREMIÈRE PARTIE. — DÉSASTRES

CHAPITRE I. — INCENDIES

En 574 Théodebert, fils de Chilpéric Ier, pilla la Cité de Limoges et la livra aux flammes.

En 759 Pépin le Bref assiégea la Cité de Limoges, et, après un pillage général, la réduisit en cendres.

La ville de Limoges fut pillée et incendiée par les Normands au milieu du IXe siècle.

En 952 et 991, l'église de Saint-Martial et une partie des bâtiments du monastère furent incendiés.

En 1067, la Cité de Limoges fut entièrement brûlée.

En 1103, un grand incendie dévora une partie du Château de Limoges.

En 1105, les habitants du Château de Limoges brûlèrent la cathédrale et les bâtiments qui en dépendaient.

Le 1er septembre 1122, tout le Château de Limoges, c'est-à-dire la ville proprement dite, fut brûlée d'une façon incroyable.

En 1244, un grand incendie brûla 25 maisons de la rue du Clocher, à Limoges.

En 1252, un autre incendie brûla plus de cent maisons dans les rues Saint-Nicolas, du Temple, de Beauvais et du Clocher, et le faubourg Saint-Martin.

En 1263, Saint-Priest-sous-Aixe aurait été brûlé par les habitants de la ville de Limoges. A peu près vers la même époque, les soldats de Marguerite de Bourgogne, vicomtesse de Limoges, brûlèrent deux rues de la ville d'Aixe.

Le 19 septembre 1370, la Cité de Limoges, assiégée et prise par le Prince de Galles, fut pillée et brûlée.

Dans ces temps reculés l'usage des pompes à incendie n'était pas connu ; aussi, avec les constructions en bois des maisons de la ville, le moindre feu pouvait amener de grands désastres.

Depuis la guerre de Cent ans jusqu'en 1790, l'histoire ne rapporte aucun événement de cette nature.

Le 6 septembre 1790, un incendie éclata dans la rue Manigne et brûla toutes les maisons entre cette rue et le couvent des Ursulines (boulevard Gambetta actuel). Les rues Haute-Vienne, de la Loi et Banc-Léger furent créées sur les ruines de ce désastre.

Le 15 août 1864, un autre incendie brûla plus de cent maisons dans les quartiers des Arènes et de Lansecot, et sans le secours des pompiers des villes voisines, c'en était fait de la ville entière.

CHAPITRE II. — INONDATIONS

En 1530, les pluies durèrent plusieurs mois consécutifs et détruisirent toutes les récoltes ; elles produisirent de grandes inondations qui emportèrent ponts, moulins, maisons et un grand nombre de personnes et d'animaux, sans compter les ravages causés aux propriétés riveraines. Les eaux de la Vienne s'élevèrent à Limoges jusqu'aux murs des bâtiments de la Règle, et à Saint-Junien elles pénétrèrent dans l'église de Notre-Dame-du-Pont.

Cette année la perte des céréales causa une disette des plus terribles.

En 1790, des inondations extraordinaires se produisirent à la suite de pluies diluviennes; les eaux s'étaient élevées à une hauteur telle que les repères qui en ont été conservés démontrent que les crues postérieures n'ont jamais atteint la hauteur de celle-ci. Depuis lors ces repères ont toujours servi de base aux débouchés à donner aux nouveaux points établis sur les cours d'eau.

Quant aux désastres qui en furent la conséquence il suffira, je pense, de cet énoncé pour s'en faire une idée.

Le 13 mars 1856, nouvelles inondations qui, à en juger par les prescriptions du gouvernement d'alors en vue de créer des barrages sur les principaux cours d'eau du territoire, démontrent suffisamment que les eaux auraient atteint une grande hauteur et que les inondations auraient été à peu près générales en France. Ce jour-là j'ai constaté moi-même à Limoges que les eaux de la Vienne s'élevèrent à $2^m,90$ au-dessus de l'étiage du Pont-Neuf, et qu'elles pénétrèrent sur la nouvelle route d'Aixe, le long du parapet qui sépare cette route de la rivière, près de l'usine de Villebois, où elles s'élevèrent à 40 centimètres de hauteur.

CHAPITRE III. — FROIDS

En 1530, un froid très rigoureux se produisit dans les premiers jours d'avril, à la suite de pluies extraordinaires. La gelée détruisit le peu de céréales qui avaient résisté aux pluies et les vignes qui, en ce temps-là, entouraient la ville de Limoges et s'étendaient en aval dans toute la vallée de la Vienne, ne résistèrent pas à ces intempéries. Ce fut donc une année calamiteuse pour la France entière.

L'hiver de 1794 fut si rigoureux que toutes les semences furent endommagées, ce qui amena une disette dont le peuple eut beaucoup à souffrir. Pour donner la mesure de l'intensité du froid, il suffira de rappeler un fait rapporté par l'histoire, celui de la prise de l'escadre hollandaise, engagée dans la glace, par la cavalerie française.

L'hiver de 1829-30 fut un des plus rigoureux des temps modernes. Le froid avait commencé dans la dernière quinzaine de novembre; la neige survint couvrant le sol avec une épaisseur de quarante centimètres au moins et y resta ainsi durant six semaines. Le plus grand froid se produisit le 28 décembre, jour auquel le thermomètre descendit à dix-huit degrés Réaumur.

Le 4 janvier suivant commença la fonte des neiges et, le 5 au soir, la débâcle des glaces, qui continua toute la nuit et le lendemain. Je mesurai des glaçons laissés sur les berges qui avaient cinquante centimètres d'épaisseur.

Quelques jours après une nouvelle série de froids survint et dura jusqu'au 23 janvier. Une seconde débâcle eut lieu, et je mesurai quelques glaçons de vingt centimètres d'épaisseur.

CHAPITRE IV. — CHALEURS

Voici les chaleurs extraordinaires d'après les données de l'Observatoire de Paris et des observations faites à Limoges.

Mois d'août 1738, maximum de température 36°,0
— 1763 — — 36°,3
— 1765 — — 35°,3
— 1769 — — 35°,0
— 1793 — — 38°
— 1800 — — 35°,5
— 1802 — — 36°,4
— 1826 — — 36°,2
— 1832 — — 35°
— 1842 — — 36°,7

Mois d'août 1846, maximum de température 34°,8
— 1857 — — 36°,2
— 1863 — — 35°,9
— 1873 — — 37°,2
— 1873 — — 33°,9
3 août 1879 — — 31°,9
3 sept. 1880 — — 30°
26 mai 1881 — — 32°,2
29 juillet 1881 — — 38°,4
5 août 1881 — — 31°,5
12 — 1882 — — 31°,5
2 juillet 1883 — — 30°,3
13 — 1884 — — 33°,9
2 août 1884 — — 32°,8
10 — 1885 — — 31°,5
31 juillet 1886 — — 31°,6
20 août 1886 — — 31°,4
31 — 1886 — — 31°,4
1ᵉʳ sept. 1886 — — 33°
1ᵉʳ juillet 1887 — — 32°,8
7 août 1887 — — 32°,2
2 juin 1888 — — 30°,5
3 août 1888 — — 30°
11 — 1888 — — 34°,5
7 juillet 1889 — — 30°,3
1ᵉʳ août 1890 — — 32°,6
2 — 1891 — — 31°,7
16 — 1892 — — 38°
17 — 1892 — — 45°
18 — 1892 — — 30°

Voici le maximum de température de divers lieux en 1892 :
A Dijon, 35°
A la Pouëze, près Angers, 38°
A Madrid et à Saint-Sébastien, 41°
A Séville, 46°

DEUXIÈME PARTIE. — MONUMENTS

CHAPITRE I. — ÉGLISES

Cathédrale de Saint Etienne

Sans parler des temples païens qui ont existé au temps de la domination romaine, il y a eu au moins trois églises sur l'emplacement occupé par la cathédrale, l'une au vᵉ siècle, l'autre au xiiᵉ siècle et la troisième de la fin du xiiiᵉ au xvᵉ siècle.

Commencé le 1er juin 1272, grâce au legs testamentaire d'Aimeric de la Serre, évêque de Limoges, continué par ses successeurs, le chœur fut achevé environ un demi siècle après. Mgr Jean de Langeac entreprit en 1537 l'achèvement de la cathédrale, mais la mort le surprit en 1541.

Les travaux d'achèvement jusqu'au clocher furent repris en 1877 et terminés en 1888 sous l'épiscopat de Mgrs Duquesnay, Lamazou, Blanger et Renouard, évêques de Limoges et sous la direction de M. Boulenger, architecte diocésain, et de M. Geay, son successeur.

Cette église, dans son ensemble, comme dans ses détails, présente un luxe de fini et de perfection digne d'admiration.

Église de Saint-Pierre-du-Queyroix

Cette église fut rebâtie au XII° siècle sur l'emplacement de celle que Rorice II, évêque de Limoges, avait fait construire et qu'un incendie venait de détruire, Henri Court Mantel, fils d'Henri II, y fut couronné duc d'Aquitaine.

La principale cloche de cette église provient de l'ancienne église de Tarn, près Aixe, dont l'enlèvement occasionna une émeute pour la répression de laquelle on eut recours à la force armée. Tarn avait son église particulière et a toujours conservé le nom de bourg. Les actes publics antérieurs à 1789 portaient la mention « en la ville d'Aixe, paroisse de Tarn », bien que la ville eut son église sous l'invocation de la Sainte-Croix.

Église de Saint-Michel-des-Lions

Cette église fut bâtie en 1361 sur l'emplacement d'églises antérieures. La relique de saint Loup y avait été transférée en 1153. Le clocher ne fut construit qu'en 1383.

La flèche fut foudroyée le 10 novembre 1810 et ne fut reconstruite qu'en 1829.

Église Sainte-Marie

C'était l'ancienne chapelle des Jacobins ou Frères prêcheurs. Le transept a été démoli à l'époque de la Révolution et c'est la grande nef qui sert actuellement d'église paroissiale.

Église Saint-Joseph

Cette église provisoirement construite en briques, puis reconstruite dans un style monumental de 1876 à 1881, est inachevée. La construction est due au zèle et à la persévérance de M. l'abbé

Laplagne qui en a été le premier curé. Ce digne prêtre est passé au doyenné de Saint-Michel-des-Lions. Le plan a été exécuté par M. Boulenger, architecte diocésain à Limoges.

L'église de Saint-Joseph a été inaugurée vers la fin de 1873 par Mgr Duquesnay, évêque de Limoges.

Eglise du Sacré-Cœur

C'est une église provisoire, située sur la place des Carmes, à l'angle de la rue des Argentiers et de l'avenue Foucaud. M. l'abbé Maublanc en est le premier curé.

Cette église a été inaugurée le 25 décembre 1873 par Mgr Duquesnay, évêque de Limoges.

Eglise de Sainte-Valérie

Cette église, construite par M. Geay, présente un caractère monumental. On en doit l'établissement au zèle et à la persévérance de M. l'abbé Labrousse, premier curé de la paroisse.

Cette église a été consacrée le 5 août 1877 par Mgr Duquesnay, alors évêque de Limoges.

Eglise de Saint-Martial

Cette église établie au lieu dit de Landouge, à 5 kilomètres de la ville de Limoges, présente un caractère simple mais assez élégant. Elle a été consacrée le 3 juillet 1853 par Mgr Buissas, alors évêque de Limoges. Le premier curé de la paroisse fut M. l'abbé Gérard.

CHAPITRE II. — ÉDIFICES CIVILS

Palais épiscopal

Ce palais a été bâti sous l'épiscopat de Mgr d'Argentré, évêque de Limoges. Entrepris en 1766, cet édifice ne fut terminé qu'en 1787, sous la direction de M. Brousseau, architecte. Au dire des hommes compétents, ce serait un des plus beaux monuments en son genre qui existe en France. Les bâtiments accessoires et les vastes jardins établis en terrasses qui dominent la vallée de la Vienne, constituent, avec le Palais, un ensemble d'une perfection admirable.

Palais de Justice

Ce monument devrait être moins écrasé, car ce n'est pas trop dire que de le comparer à une torpille qui, d'ailleurs, ne produit de fulminate que pour les malheureux qui en sortent déçus dans leurs espérances.

Dans son aménagement actuel, on ne voit de vastes que les salles d'audiences, quant aux autres pièces, notamment celles des greffes, ce sont de véritables bouges où l'on a marchandé l'air et la lumière ; d'où l'on peut en déduire que ce ne sont que des cellules à tuberculeux.

Avec un second étage, on aurait donné à l'édifice un caractère monumental et, avec cela, le moyen d'avoir des greffes spacieux, éclairés et parfaitement aérés, sans compter les salles de lecture, de conférence, etc., que l'on aurait créées dans cet étage. La construction remonte aux années 1843 à 1846.

Hôtel du XIIe corps d'armée

Le bâtiment principal et les accessoires ne laissent rien à désirer selon moi. Par son style simple, mais sévère, l'établissement répond parfaitement à son objet.

L'Hôtel est en façade sur la place Jourdan, où l'on a élevé la statue de ce Limousin devenu grand homme de guerre.

La construction de cet édifice remonte aux années 1865 à 1867.

Hôtel de Ville

Cet édifice, de construction récente, ne laisse rien à désirer sous tous les rapports. Le luxe que l'on admire dans l'ensemble comme dans les détails de construction et d'aménagement répond on ne peut mieux aux exigences d'une grande cité industrielle et commerciale, à un degré supérieur, degré auquel il faut la ranger par les millions d'affaires qui s'y traitent annuellement.

Cette œuvre d'une beauté peu commune, est due à l'initiative persévérante de M. le sénateur René Pénicaud, alors qu'il était maire de Limoges. La construction a duré de 1879 à 1883. Elle est due au talent remarquable de M. l'architecte Leclerc, de Paris, secondé par M. Geay, architecte diocésain. Les dépenses se sont élevées à la somme de 1,643,406 fr. 66.

Hôtel de la Préfecture

Ancien Palais de l'Intendance du Limousin, avant la Révolution, le nouveau régime en a fait le siège de la préfecture de la Haute-Vienne.

Les bâtiments ne présentent aucune régularité de forme architecturale. Ils tombent en ruine en ce moment. Il importe donc, pour faire quelque chose qui réponde à la fois au besoin du moment et à l'importance du département, de ne pas hésiter à trancher dans le vif pour satisfaire ces conditions. La reconstruction du nouvel édifice au même endroit, devrait entraîner, selon moi, la suppression de la rue des Prisons, l'ouverture d'une nouvelle rue le long de l'église de Saint-Michel et l'élargissement à vingt mètres de la rue Monte-à-Regret, rue qui devrait prendre le nom de rue de la Préfecture, car les anciens noms éveillent la tristesse et la pitié chez tout homme sensible, qui ne voudrait voir que le bien dans la société.

CHAPITRE III. — ÉDIFICES MILITAIRES

Caserne des Bénédictins

C'était autrefois l'ancienne abbaye de Saint-Augustin fondée au ve siècle. Le monastère fut reconstruit au xiie siècle et occupé à partir de 1617 par les Bénédictins.

Etant devenu propriété de l'Etat à la suite de la Révolution, on l'affecta d'abord à une Maison centrale de détention, recevant les condamnés de plusieurs départements ; mais une nouvelle organisation de ces établissements étant survenue vers 1871, celui-ci devint libre et dès 1872 on l'appropria pour une caserne d'infanterie.

Caserne de la Visitation

Cette caserne établie dans l'ancien couvent de la Visitation, a été construite et agrandie de 1857 à 1861. Elle peut contenir deux bataillons d'infanterie. Une partie de l'ancien jardin public a été affecté à une vaste cour au devant de la caserne ; le surplus a permis de construire l'Ecole de médecine et de pharmacie.

Les anciens bâtiments du couvent de la Visitation, placés derrière, sont affectés au dépôt d'infanterie. Ces bâtiments contiennent en outre les magasins d'armes, d'habillement et d'effets militaires.

Caserne de Beaupuy

Cette caserne est située sur le plateau de Montjovis, à proximité de l'avenue de Poitiers et du faubourg du même nom. Elle est desservie par la route et par un beau chemin qui longe la gare des Charentes.

Elle est assez vaste pour loger un régiment au complet. Elle a été bâtie en 1885.

Caserne du Séminaire

Les bâtiments qui constituent le vieux quartier de cavalerie, furent construits pour le Séminaire des Ordinauds en 1660, par les soins de M. Maledent de Savignac, baron de Meilhac.

Après la Révolution, cet établissement fut transformé en caserne. Puis en 1818 on construisit les écuries du nouveau quartier que l'on compléta de 1845 à 1850 par d'autres bâtiments : le manège et le petit quartier.

Caserne de la Société-Immobilière

Elle a été construite en 1877 sur les terrains de cette société. Un manège se trouve à proximité de ce bel établissement.

Caserne du Train des Equipages

Cette caserne est établie au lieu dit de Beaublanc, à gauche de la route de Poitiers et à l'extrémité du faubourg Montjovis. Sa construction remonte à l'année 1878.

Caserne de gendarmerie

Cette caserne est située en façade sur la place des Carmes. Elle a été reconstruite en 1848 sur l'emplacement d'une première caserne qui remontait à 1833.

CHAPITRE IV. — ÉTABLISSEMENTS D'INSTRUCTION

Lycée Gay-Lussac

L'établissement primitif fut fondé par les consuls de la ville en 1525 dans l'emplacement compris, d'une part, entre la porte Boucherie et l'église Saint-Pierre, et d'autre part, entre la rue Boucherie (rue du Collège actuelle) et les fossés de la ville.

Le 15 juillet 1597 les consuls décidèrent de confier la direction du Collège aux pères Jésuites. L'évêque, les chapitres de la cathédrale et de Saint-Martial, le corps de ville et les notables habitants accordèrent des sommes importantes pour doter le Collège. Les cours commencèrent en 1599. En 1607, les Jésuites entreprirent la construction des bâtiments dans les dispositions qu'ils affectent aujourd'hui, mais la chapelle ne fut terminée qu'en 1620. Ils enseignèrent jusqu'en 1762, époque à laquelle ils furent expulsés de France, et où on leur substitua des prêtres qui continuèrent l'enseignement jusqu'à la Révolution.

Ce ne fut qu'en 1805 que l'établissement fut réouvert à l'instruction et l'on n'a cessé d'y enseigner avec succès jusqu'à nos jours.

Grand Séminaire

Après le Concordat, en 1802, on dut pourvoir à l'établissement d'un Grand Séminaire, l'ancien ayant été transformé en caserne. Mgr du Bourg choisit, en 1811, l'ancien couvent de la Règle, situé dans la Cité, sur le versant droit de la Vienne, d'où l'on domine la vallée de cette rivière et les vastes plateaux de la rive gauche. L'état a fait reconstruire en 1872 une partie des anciens bâtiments. Ce bel établissement possède une campagne à Laugerie qui est un but de promenade pour les séminaristes les jours de congés.

Ecole de Médecine et de Pharmacie

Cet établissement a été créé sur une portion de l'ancien jardin public de Limoges. Il est situé près de la caserne de la Visitation et borde le faubourg de Paris.

Ecole nationale d'art décoratif et Musée national Adrien Dubouché

L'Ecole et le Musée occupaient l'ancienne Maison de force établie par Turgot de 1762 à 1774, plus tard transformée en Asile d'aliénés, sur le Champ-de-Foire.

Les vieux bâtiments ont été démolis pour faire place à un bel et vaste édifice que l'on est en train de construire. Les travaux commencés en 1894, par les soins et aux frais de l'Etat, seront terminés en 1897.

Ecole normale d'Instituteurs

Cette école a été construite en 1875 sous l'administration et sur l'initiative de M. Le Myre de Villers, alors qu'il était préfet de la Haute-Vienne. L'établissement a été créé sur le plateau de Bellevue, situé sur le versant gauche de la vallée de la Vienne, à quatre kilomètres de la ville de Limoges.

Ecole normale d'Institutrices

L'Ecole normale d'Institutrices a été construite en l'année 1883 sur l'ancienne route d'Aixe, par M. Tixier, architecte du département. Elle réunit une si grande perfection qu'on pourrait lui donner le nom de Palais scolaire. Je ne me permettrai pas de faire ressortir ici les avantages qui découlent de la création de cette école spéciale, d'autres plus compétents que moi en ont déjà fait l'éloge.

Institutions et Pensionnats

L'*Institution de M. Barbaud* est située cours Jourdan, n° 16. On y enseigne le latin, le grec, les sciences et le commerce. Les succès remportés dans les concours par les élèves de cette maison me dispensent de tout éloge.

Le *Pensionnat Saint-Martial*, pour l'enseignement secondaire, industriel et commercial, est dirigé par les Pères Maristes. L'édifice de ce pensionnat est majestueux et il répond parfaitement à son objet. Le grand nombre des pensionnaires qui suivent les cours du Pensionnat, recommande mieux cet établissement que tout ce que l'on pourrait dire. Il est établi rue des Argentiers depuis l'année 1882.

Le *Pensionnat des Frères de la doctrine chrétienne*, dit de Saint-Joseph, est aussi établi rue des Argentiers. C'est un vaste établissement, où de nombreux élèves reçoivent l'enseignement secondaire et où ils sont préparés pour l'industrie, le commerce et les beaux-arts. Au reste l'étendue des connaissances des professeurs de cette école est une garantie de succès pour les élèves qui y viennent puiser tous les éléments de prospérité que les familles peuvent désirer. Sa construction date de 1885.

Pensionnat des Filles Notre-Dame. — Cette communauté s'établit d'abord dans une maison de la rue du Portail-Imbert, maison que les Carmélites avaient achetée en 1617 et qu'elles quittèrent en 1631 après l'avoir cédée aux Filles Notre-Dame. Ces dernières vinrent encore plus tard (1804) remplacer les Carmélites dans un établissement situé place des Jacobins. Elles ne quittèrent cette dernière maison que pour aller occuper le beau monument qu'elles ont fait édifier en 1864 par M. Fayette, entre la rue Pétiniaud-Beaupeyrat et la rue Croix-Mandonnaud.

Pensionnat des Sœurs de la Croix. — Cette congrégation était établie d'abord à Magnac-Laval qu'elle quitta en 1687 pour venir s'installer à Limoges, dans une maison sise place de la Cité, où elle resta jusqu'à la Révolution. En 1820 une nouvelle congrégation se fonda sur l'initiative de Madame Lhuillier de Villeneuve et sous la même dénomination. Pour le siège du nouvel établissement la congrégation fit l'acquisition de l'immeuble qu'elle possède aujourd'hui, près du Portail-Imbert, immeuble qui était la propriété de M. Maledent de Feytiat et qui avait servi de caserne à la garde départementale. Dès que la congrégation fut constituée elle se livra exclusivement à l'instruction, mais plus tard la maison qu'elle occupait étant devenue insuffisante, elle fut obligée de faire construire un nouveau bâtiment pour le pensionnat, dans sa propriété de la vieille route d'Aixe où les classes ont été installées en 1885. Depuis cette époque, le pensionnat a prospéré de façon à satisfaire entièrement les maîtresses et la communauté elle-même. Les pensionnaires, dont le nombre augmente chaque année, y sont l'objet des soins les plus assidus sous tous les rapports.

Pensionnat des Sœurs de Nevers. — En 1861, et sur les conseils de Mgr Fruchaud, alors évêque de Limoges, cette congrégation établit une succursale à Limoges. Logées d'abord dans une maison place Jourdan, les sœurs se fixèrent ensuite place de la Cathédrale. En 1870 elles décidèrent l'acquisition d'un immeuble situé rue des Sœurs-de-la-Rivière et elles firent construire un vaste monument destiné à un pensionnat. Mgr Fruchaud avait pensé qu'une nouvelle maison religieuse serait bien venue à Limoges. Cette prévision s'est réalisée à tel point que la maison a acquis une belle clientèle, tant à Limoges que dans le département.

CHAPITRE V. — ÉTABLISSEMENTS DIVERS

Théâtre

Cet édifice fut construit en 1838 sur une partie de l'emplacement qu'avait occupé la basilique de Saint-Martial qui formait l'un des côtés du quadrilatère de l'ancienne abbaye, dont les bâtiments couvraient toute la place de la République actuelle.

Ce monument forme trois corps de bâtiments : le principal constitue le Théâtre proprement dit, celui de gauche est occupé par la salle des conférences, celui de droite est loué au commerce.

Halles centrales

Après le grand incendie du 15 août 1864, qui avait brûlé plus de cent maisons dans le quartier des Arènes, on reconstruisit ce quartier en ouvrant les rues des Arènes, Darnet et d'Aguesseau ; on agrandit la place de la Motte et on y transporta le marché Dupuytren pour le mettre en rapport avec le nouveau tracé du quartier. Ce marché avait remplacé en 1852 une ancienne halle en bois dite la Poissonnerie. On ne tarda pas à reconnaître l'insuffisance du Marché Dupuytren, mais les ressources de la ville ayant reçu une autre destination, on dût attendre la formation de nouvelles ressources afin de construire un établissement assez spacieux pour répondre aux exigences du commerce.

A cet effet, la ville mit au concours en 1884 un projet d'ensemble qui comportait un pavillon rectangulaire de 50 mètres sur 33 et deux pavillons semi-circulaires. C'est le projet de MM. Lévesque et Pesce, ingénieurs à Paris, qui fut choisi. Le pavillon rectangulaire, seul construit de 1888 à 1890, a une superficie cinq fois plus grande que le marché Dupuytren. Il est entièrement en fer et occupe un emplacement qui fait suite à l'îlot limité par les rues des Arènes et d'Aguesseau. Jusqu'à présent ce monument dont l'étendue est considérable, a paru devoir satisfaire aux besoins de la population.

Hôpital général

Jusqu'en 1660 la ville de Limoges avait possédé six hôpitaux répartis en divers quartiers savoir : ceux d'Aigoulène, des Arènes, de la Maison-Dieu, de Saint-Jacques, de Saint-Martial et de Saint-Gérald.

Ce fut donc en 1660 que, grâce au dévouement de M. Maledent de Savignac, l'on entreprit la construction de l'hôpital général. La chapelle de l'Hospice servait avant la Révolution aux PP. de la Mission qui l'avaient fait construire en 1664.

Avant 1790 cet établissement jouissait de revenus considérables, mais les révolutionnaires en ayant confisqué la majeure partie, cet établissement fut longtemps dans l'impuissance de satisfaire aux besoins des malades, et ce n'a été que par beaucoup d'ordre et d'économie que MM. les administrateurs sont parvenus à créer des ressources qui ont permis de répondre aux besoins du service.

Les bonnes sœurs de Saint-Alexis qui desservent l'hôpital depuis sa fondation avec un dévouement digne d'éloge n'ont pas peu contribué à amener une situation prospère, aussi les autorités qui se sont succédées à Limoges ont-elles apprécié le mérite et les excellents services de ces femmes de bien.

Abattoir

Cet établissement dû à M. Alluaud, maire de Limoges, fut commencé en 1832, il est établi à l'extrémité du quartier des Palisses sur le versant gauche de la vallée du ruisseau de Sainte-Claire.

La création de cet établissement, tant désiré des habitants de la ville, a permis d'assainir le quartier de la Boucherie, qui, jusqu'alors laissait beaucoup à désirer par les abus qui s'y commettaient chaque jour au point de vue de l'hygiène.

— 18 —

Prison départementale

Cet édifice, commencé en 1851 par M. Boullé, alors architecte du département, fut terminé par son successeur M. Fayette. Il a été construit suivant le système cellulaire prescrit par les règlements en vigueur sur la matière. Il est situé sur le Champ-de-Foire.

Asile de Naugeat

Ce vaste établissement, commencé en 1857 sous la direction de M. Fayette, architecte du département, est placé sur le plateau de Naugeat. Il est à deux kilomètres de la ville de Limoges, entouré de vastes et beaux jardins exposés au Midi.

Indépendamment des malades de la Haute-Vienne, on y reçoit ceux des départements de la Seine, de l'Indre et de la Creuse.

Un nouvel établissement a été inauguré en 1895, sur le versant droit de la vallée de la Vienne, sous le nom de villa Bel-Air. Il est destiné à recevoir les malades dont les familles peuvent faire des sacrifices pour un surcroît de bien-être. Ce bâtiment est composé de cinq pavillons, savoir : 1° le pavillon principal destiné aux malades paisibles ; 2° les cuisines et la lingerie ; 3° l'hydrothérapie et les bains ; 4° les chambres d'isolement ; 5° les chambres des malpropres et des paralytiques.

Hospice des Vieillards

La ville de Limoges fait construire en ce moment (1890) un vaste établissement au lieu du Sablard destiné à recevoir les vieillards sans ressource. Cette belle construction est due au dévouement et à l'initiative de M. le docteur Chénieux, alors qu'il était maire de Limoges.

CHAPITRE VI. — EMPLACEMENTS DE LA VILLE DE LIMOGES

Dans le livre de M. Paul Ducourtieux, *Limoges d'après ses anciens plans* (Limoges, 1884, in-8°) nous voyons qu'au moment de la conquête romaine, les Lémovices avaient établi leur ville sur les bords de la Vienne, en face du gué de la Roche, appelé aujourd'hui la Roche-au-Gô.

Après la conquête des Gaules par les Romains, ceux-ci fondèrent une seconde ville sur les deux versants de la Vienne, aux alentours du pont Saint-Martial, construit par eux.

Lorsque les Barbares détruisirent cette ville, vers le IV° siècle de notre ère, les habitants se groupèrent autour de la basilique de Saint-Etienne et construisirent une première enceinte de murailles, afin de se mettre à l'abri de nouvelles destructions. Cette enceinte embrassait la rue du Pont-Saint-Etienne, longeait les boulevards Saint-Maurice, de la Cité, de la Corderie actuels, coupait en diagonale les jardins de l'Évêché actuels pour joindre l'abbaye de la Règle (aujourd'hui le Grand-Séminaire) laquelle était entourée de murailles jusqu'à la Vienne.

Une troisième agglomération commença à se former vers le vi^e siècle autour du tombeau de Saint-Martial, placé sur l'emplacement de la place de la République actuelle. Ce n'est qu'au xe siècle que cette troisième ville reçut sa première enceinte, pendant qu'Etienne était abbé de Saint-Martial. Cette enceinte comprenait l'abbaye de Saint-Martial puis, à partir de l'hôpital de Saint-Martial (caserne des pompiers actuelle), la muraille montait vers le portail Imbert, contournait le Breuil (Préfecture actuelle), la rue Neuve-de-Paris, la place de la Motte, descendait vers la porte Poulaillère entre les rues du Temple et du Consulat actuelles, suivait les rues Fourie, Mirebœuf et Saint-Nicolas pour se rattacher aux murs de l'abbaye.

Ce qui vient confirmer ce tracé, ce sont les observations suivantes :

1° Le nom de rue des Fossés donné à une rue partant de la rue des Prisons jusqu'à la place de la Motte, ce qui fait supposer qu'il existait un fossé en cet endroit.

2° La dépression du sol de la rue Neuve-de-Paris actuelle par rapport à la place d'Aine et à celle de la Préfecture, dépression qui ne peut être que l'œuvre de la main de l'homme.

3° En descendant la rue Turgot et en examinant attentivement le derrière des maisons de cette rue sises du côté du jardin de la Préfecture, on voit des murs de terrasse très épais qui ne sont autres que des anciens remparts.

4° Dans la partie récemment ouverte de la même rue, le long des immeubles des Sœurs de la Croix, on voit encore des murs d'une grande hauteur qui semblent n'avoir eu d'autre objet que les précédents.

5° En visitant les bâtiments des Sœurs de la Croix, on constate la présence d'un mur d'une solidité et d'une perfection qui écarte toute supposition attribuant l'œuvre à un particulier.

6° J'ai constaté l'existence d'une galerie souterraine sous la place de la Préfecture et je suppose que ce ne doit pas être la seule existant dans ces parages ; ces galeries, selon moi, étaient indispensables dans l'intérieur d'une place forte.

7° Enfin la prééminence du sol de la place de la Préfecture par rapport au sol qui l'environne, devait la faire choisir de préférence à tout autre quartier de la ville pour l'établissement d'un fort. N'en aurait-il jamais existé en ce lieu ?

En me livrant à cette recherche, je n'ai point la prétention d'empiéter sur les appréciations et les découvertes d'hommes spéciaux, tant au point de vue de l'art qu'à celui de l'archéologie ; mais seulement d'émettre mes vues à cet égard, laissant d'ailleurs aux hommes compétents le soin d'en déduire ou d'en tirer les conséquences que comportent les besoins de l'histoire du Limousin.

TROISIÈME PARTIE. — TRAVAUX PUBLICS

CHAPITRE I. — ROUTES

Avant l'arrivée de l'Intendant Turgot en Limousin (1761), le pays était dépourvu de voies praticables, exemples :

1° La rue de l'Abessaille à Limoges, faisant partie de la route de Clermont.

2° La rue Rochefroide à Aixe, où passait la route de Bordeaux.

3° Le vieux chemin de la ville de Bellac, qui faisait partie de la route de Poitiers.

4° En nombreux endroits où passaient les routes, on rencontrait d'autres passages à fortes déclivités. Ailleurs on trouvait des fondrières où, à défaut de pierres, on employait des fagots pour les traverser. Les espèces de chaussées étaient tellement usées et mal entretenues que, dans les dégels, il fallait renoncer à faire circuler une charrette sur ces routes. Enfin, soit par cet état d'imperfection ou de défoncement des voies publiques, soit par le brigandage qui s'y exerçait, le voyageur qui s'y aventurait était obligé de faire son testament avant de se mettre en route. A Limoges même, quand on sortait de chez soi la nuit, on n'était jamais sûr d'y rentrer sain et sauf.

Telle était la déplorable situation du Limousin à l'arrivée de Turgot.

Dès son arrivée, cet homme éminent, animé du désir de faire le bien, fut vivement impressionné en voyant l'état lamentable dont souffrait la province, et pour y remédier dans la limite du possible il dota le pays de ces belles routes sur Paris, sur Clermont, sur Toulouse, sur Bordeaux, sur Angoulême et sur Poitiers.

Il supprima la corvée, diminua les impôts et favorisa l'industrie.

Dans ces temps reculés, des bienfaits de cette nature au profit d'un pays dépourvu de tout et exposé chaque jour à la disette, à la misère et au brigandage, devraient faire bénir la mémoire de cet homme de bien. On a donné son nom à une rue, mais combien a-t-on élevé de statues à des hommes qui avaient moins de droits que Turgot ? Comment a-t-on pu oublier le bienfaiteur étranger qui, durant douze années, n'a cessé de travailler à l'amélioration du pays et au soulagement du peuple ? A vous donc, Messieurs les administrateurs, de solder la dette de reconnaissance que nos ancêtres nous ont léguée.

Nouvelle route d'Aixe

L'ancienne route d'Aixe ayant près de ses extrémités des rampes de sept centimètres par mètre environ et les exigences de la circulation se faisant vivement sentir, MM. les ingénieurs firent procéder à l'étude du projet de rectification de cette route par la vallée de la Vienne.

Pour démontrer combien l'intérêt général avait à gagner à l'exécution de ce projet, il suffira de dire que la nouvelle route est presque horizontale sur onze kilomètres de longueur et qu'à l'abord de Limoges, sur un kilomètre environ, la déclivité n'excède pas $0^m,033$ par mètre.

Nonobstant ces avantages et l'intérêt du haut de la ville étant en jeu, les habitants intéressés demandèrent une étude par les plateaux, et l'administration en fit dresser le projet que l'on joignit à celui de la Vienne, soit pour les enquêtes, soit pour l'envoi à l'approbation supérieure.

Mais la Révolution de février 1848 survenant avait mis cinq ou six mille ouvriers sur le pavé, les nouvelles autorités de la ville sollicitèrent instamment et obtinrent l'approbation du projet par la vallée de la Vienne comme répondant le mieux aux besoins de la circulation et conséquemment à ceux de l'industrie et du commerce du pays.

L'expérience acquise par trente-trois ans de service dans les Ponts, m'a convaincu, qu'à moins de quelques exceptions infiniment rares, on pouvait ouvrir des voies de communication avec un maximum de déclivité de trois centimètres par mètre. D'où j'en déduis que le décret du 16 décembre 1811, portant règlement sur la construction, l'entretien, les réparations et le classement des grandes routes, avec la distinction de routes impériales et de routes départementales, avait fixé la limite de leur déclivité à cinq centimètres par mètre.

Je crois pouvoir me permettre de dire ici que l'élévation de cette limite a été désastreuse pour le bien être du peuple, pour la richesse publique et pour les contrées montagneuses en particulier.

A l'encontre des routes, on a considéré comme une qualité négligeable l'application de cette limite aux chemins vicinaux ordinaires, sous le prétexte de procurer aux populations la jouissance des nouvelles voies aux moindres frais possibles et sans tenir compté de l'avoir.

Les chemins de fer, eux-mêmes, n'en souffrent pas moins que l'industrie, le commerce et l'agriculture.

Pour la solution de la question je prendrai pour termes de comparaison les éléments suivants, savoir :

1° 1,000 kilog. de marchandises chargées sur un véhicule tiré par un cheval sur une route qui aurait quinze kilomètres de longueur dont un cinquième aurait pour maximum une rampe de un centimètre par mètre, le retour s'effectuant à vide ;

2° 750 kilog. sur une rampe de trois centimètres ;

3° Enfin 500 kilog. sur une rampe de cinq centimètres.

En évaluant à 8 francs la journée du cheval, conducteur compris, et en comparant les frais de transport de mille kilogrammes à ceux de 500 kil., on en déduit la dépense d'une seconde journée pour le transport des 1,000 kilog. de la rampe de un centimètre ; mais en prenant la moyenne, l'excédent de dépense ne serait plus que de 'r.

En appliquant ce chiffre à cent jours de travail par année on obtient 400 fr., mais en l'appliquant encore à deux millions d'attelages dans l'ensemble du territoire français, le préjudice total annuel est donc de 800,000,000 fr. rien que pour avoir élevé à cinq centimètres par mètre au lieu de trois le maximum de déclivité des voies de communication D'où j'en conclus que la nécessité s'impose de prendre pour limite ce dernier chiffre pour tous autres travaux de ce genre à exécuter en France.

Bien que ce préjudice ne porte pas sur une valeur déjà réalisée, il n'est pas moins vrai que la perfection de voies de communication en garantissait les bienfaits dans le présent comme dans l'avenir si un peu de clairvoyance avait présidé aux actes des auteurs de ces imperfections si regrettables.

CHAPITRE II. — PONTS

Vieux ponts de Limoges

Des deux vieux ponts de Limoges le plus ancien est le pont Saint-Martial qui fut construit par les Romains. Détruit par Henri II

Plantagenet, roi d'Angleterre, lorsqu'il était en guerre contre ses fils, il fut reconstruit au xiii° siècle.

Jusqu'en 1838, le pont Saint-Étienne (reconstruit lui aussi au xiii° siècle) faisait partie de la route n° 141 de Clermont à Saintes, et le pont Saint-Martial servait à la route n° 20 de Paris à Toulouse.

La longueur de chacun de ces ponts étant de plus de 100 mètres avec une seule voie charretière, la circulation en souffre énormément.

Ponts d'Aixe et de Saint-Junien

Les ponts d'Aixe et de Saint-Junien, sur la Vienne, paraissent de la même date que ceux de Limoges et, comme ces derniers, ils n'offraient qu'une seule voie à la circulation.

Le pont d'Aixe fut élargi en 1827 et 1828, de façon à créer une voie de six mètres de largeur, et depuis quelques années on a construit deux trottoirs bordés de balustrades en fer.

Quant au pont de Saint-Junien, on l'a élargi, avec voie de six mètres, en 1864-65.

Le Pont-Neuf à Limoges

En présence de l'état d'imperfection du passage sur les vieux ponts de Limoges, la population ne cessait de réclamer ou l'élargissement de ces ponts, ou la construction d'un nouveau pont, permettant de servir au passage des routes n°˚ 20 et 141 ; mais l'épuisement des ressources de l'État depuis 1815 ne permettant pas d'entreprendre de grands travaux, on fut contraint de différer cette amélioration.

Les événements de 1830 portèrent à la première magistrature de la ville M. François Alluaud, l'un des plus grands industriels du pays, celui qui, par l'impulsion et le développement qu'il a donnés à l'industrie de la porceclaine a été le plus puissant moteur de l'extension de la ville de Limoges.

Après avoir créé la place du Champ-de-Juillet et ses belles avenues, il obtint du Gouvernement la construction du Pont Neuf.

Le Pont Neuf de Limoges fut construit en 1833 sous la haute direction de M. Pihet, alors ingénieur en chef de la Haute-Vienne, et sous celle immédiate de M. Grellet, ingénieur ordinaire. Mais M. Pihet n'était dans le département que depuis 1831, et le projet du pont étant antérieur à son arrivée, il jugea utile d'y apporter quelques modifications avant de se mettre à l'œuvre. Cette circonstance entraîna la suspension des travaux pendant l'année 1834 ; ils ne furent repris qu'en 1835, toujours sous la direction de M. Grellet, alors ingénieur ordinaire, et continués jusqu'à leur achèvement. Enfin le 20 juillet 1839, le Pont fut livré solennellement à la circulation par le passage de la voiture de Clermont.

MM. Filliol et Humbert Droz en étaient les entrepreneurs, Martin le conducteur et Poux le piqueur.

Dans un ouvrage publié à Limoges, j'ai vu que l'on disait que les travaux de ce pont avaient coûté 140,000 francs, ce qui constitue une erreur matérielle que l'on ne doit attribuer ni à celui qui a fourni le renseignement, ni même, selon moi, à l'auteur de l'ouvrage, mais bien au compositeur qui aura oublié de prendre un zéro dans son casier. Si je me permets de relever cette erreur, c'est avec connaissance de cause, ayant concouru à la surveillance des travaux, et étant le dernier survivant des agents de ce service. Bien qu'âgé de quatre-vingt-cinq ans, j'ai conservé encore un peu de mémoire pour produire ici un état estimatif des travaux.

État estimatif des travaux du Pont-Neuf de Limoges et de ses abords

	QUANTITÉS	PRIX	DÉPENSES
Maçonnerie en pierre de taille..........	4.000^m	150 fr. (*)	600.000 f.
Mètres carrés de taille................	6.000^m	7 fr.	42.000 f.
Grosse maçonnerie....................	12.000^m	15 fr.	180.000 f.
— — murs en ailes......	240^m	15 fr.	36.000 f.
Fondations...........................	....	....	80.000 f.
Travaux divers.......................	....	....	72.000 f.
Total pour le pont..			1.010.000 f.
Travaux des abords et indemnités................			540.000 f.
Total général....			1.550.000 f.

Nouveau pont Saint-Martial à Limoges

Le nouveau pont Saint-Martial, construit en aval de l'ancien, est à cinq arches de 20 mètres d'ouverture ; sa hauteur au-dessus de l'étiage est de 10^m,08 et sa largeur entre les têtes est de 10^m ; ses arches sont surbaissées. La longueur totale est de 130^m et la voie est horizontale. C'est un ouvrage parfaitement exécuté, il est en outre très élégant dans sa sévérité. Il ne le cède en rien aux ouvrages des chemins de fer. Il est seulement regrettable qu'il n'ait

---

(*) Ce prix de 150 fr. pourrait paraître élevé et pour le justifier il suffira de dire que la grande majorité des pierres étant de fort appareil chaque mètre cube n'avait pas moins de 10^m carrés de tête et joints qui, à 2 fr., donnent un chiffre de 20 fr.

pas été construit un peu plus loin pour se raccorder directement avec le chemin de Solignac, ce qui en aurait augmenté l'élévation.

L'avenue de ce pont est en ligne droite et sa déclivité de 0^m,482, n'excède que de deux millimètres celle du pont.

Le pont a été terminé et livré à la circulation le 29 mars 1880.

Pour compléter l'œuvre commencée par la construction du pont et de la belle avenue qui aboutit au carrefour de celle du Midi, de nouvelles améliorations deviennent indispensables, entre autres, celle du prolongement de l'avenue sur la rive gauche jusqu'à la rencontre du chemin de Solignac. Pour obtenir moins de terrassement et de déclivité dans le coteau, on ferait partir la rampe de l'abord du pont; ce qui nécessiterait à la traversée du chemin de Nexon un raccordement peu dispendieux en raison de la déclivité de ce chemin. Ce prolongement ferait disparaître l'aspect d'un cul-de-sac et remplacerait une partie de chemin qui n'en a que le nom, ce que j'ose dire ici à la honte de l'autorité de la ville, qui par ce seul fait a montré une indifférence regrettable en laissant dans la défaveur la belle contrée comprise entre la Vienne et la Briance, et ce, pour ne pas savoir faire un sacrifice de 20,000 francs.

Je perdrais mon temps à faire ressortir ici les avantages qui résulteraient pour la ville et pour les quartiers de la Cité en particulier, de l'ouverture d'un quai de vingt mètres de largeur sur la rive gauche de la Vienne entre le nouveau pont Saint-Martial et celui de Saint-Étienne ; et cependant les voies qui bordent les cours d'eau sont toujours les plus suivies. N'espérant pas réveiller l'apathie de l'autorité en faveur de la belle promenade que j'ai rêvée, j'ose espérer qu'en faisant appel à une société on pourrait voir construire sur le beau plateau de la rive gauche de la Vienne, un quartier d'où l'on se plairait à admirer la ville de Limoges qui présente, vue de ce plateau, un magnifique panorama.

CHAPITRE III. — CHEMINS DE FER

Chemin de fer de Châteauroux à Limoges

Ce chemin de fer est le premier dont le Limousin a été doté grâce au dévouement et à la haute influence de M. Léon Talabot, alors député de la Haute-Vienne, qui eut à lutter dans l'espèce contre une opposition très puissante qui prétendait que jamais on ne parviendrait à ouvrir un chemin de fer à travers les vallées profondes et les montagnes du Limousin sans y dépenser des sommes fabuleuses ; et que dès lors, le moment était mal choisi, au début de la création de ces nouvelles voies de porter tant de fonds sur une seule ligne lorsque tant d'autres départements mieux favorisés par le sol, en attendaient les bienfaits (j'avais suivi les débats en leur temps). Pour combattre ces allégations il suffit à M. Léon Talabot de montrer à ses collègues les profits de ce projet et l'évaluation des travaux à exécuter. En terminant, ce bienfaiteur de l'humanité, ajoutait : « Je ne demande pas un chemin de fer seulement pour l'agrément des voyageurs, mais bien surtout pour les nombreuses et très importantes industries qui sont établies dans la Haute-Vienne et dont l'essor est paralysé par le manque de voie de transport rapide et économique. Enfin, il ne s'agit de rien moins que d'entretenir de toutes les choses nécessaires à la vie plus de dix mille ouvriers et de commencer dans un pays dont les industries ne font pas moins de vingt millions d'affaires ».

Les terrassements et les ouvrages d'art ont été exécutés par l'Etat et l'inauguration en a été faite le 2 juin 1856.

Chemin de fer de Périgueux

Cette ligne est directe sur Agen, elle se prolonge d'une part sur Auch, et d'autre part sur Tarbes, enfin sur Pau. On prend cette ligne pour se rendre à Lourdes et aux stations thermales de Barèges, Cauterets et les Eaux-Bonnes. C'est sur elle que s'embranchent celles de Nexon à Brive ; de Saillat à Bussière-Galant ; de Thiviers à Angoulême, par Nontron ; de Périgueux à Coutras et à Bordeaux.

Tous les travaux de cette ligne ont été exécutés par la Compagnie d'Orléans et l'inauguration en a été faite le 26 août 1861.

Chemin de fer de Saint-Sulpice-Laurière à Guéret

Cette ligne est directe sur Gannat, Lyon et l'Est de la France. On y rencontre les embranchements suivants : de Vieilleville à Bourganeuf, de Saint-Sébastien à Guéret, du Busseau-d'Ahun à Aubusson, de Lavaufranche à Champillet-Urciers, de Montluçon à Moulins, de Montluçon à Eygurande, de Gannat à Clermont-Ferrand, de Saint-Germain-des-Fossés à Vichy, de Thiers à Ambert et à Arlanc.

Cette ligne a été construite entièrement par la Compagnie d'Orléans et inaugurée le 21 novembre 1866. Elle dessert les stations thermales d'Evaux, de Néris et de Vichy.

Chemin de fer de Saint-Sulpice-Laurière à Poitiers

Cette ligne se prolonge sur Niort, La Rochelle et Rochefort.
C'est au Dorat que s'embranche la ligne de Limoges par Bellac.

Tous les travaux ont été exécutés par la Compagnie d'Orléans, et l'inauguration a eu lieu le 23 décembre 1867.

Chemin de fer de Limoges à Angoulême

Ce chemin de fer se prolonge sur Rochefort, Royan et la Rochelle.

Il a été exécuté entièrement par l'Etat qui l'a cédé à titre d'échange à la Compagnie d'Orléans.

Sur cette ligne s'embranchent : celle de Saillat à Bussière-Galant, de Roumazières à Confolens, d'Angoulême à Thiviers par Nontron.

L'inauguration a eu lieu le 20 août 1875.

Chemin de fer de Nexon à Brive

Cette ligne dessert Saint-Yrieix, Lubersac et Pompadour. Elle a été exécutée entièrement par la Compagnie d'Orléans et l'inauguration a eu lieu le 20 décembre 1875.

Chemin de fer de Limoges à Eymoutiers

Cette ligne se prolonge sur Meymac, Ussel, Laqueuille, Clermont et Lyon. La station de Laqueuille dessert les stations thermales de la Bourboule et du Mont-Dore, ainsi que la station de Royat.

Les terrassements et les ouvrages d'art ont été exécutés par l'Etat et l'inauguration a eu lieu le 31 décembre 1880.

Chemin de fer de Limoges au Dorat par Bellac

Cette ligne dessert Bellac, elle est la plus directe de Limoges à Poitiers.

Les terrassements et les ouvrages d'art ont été exécutés par l'Etat et l'inauguration a eu lieu le 31 décembre 1880.

Chemin de fer de Saillat à Bussière-Galant

Cette ligne dessert Rochechouart, Saint-Laurent-sur-Gorre, Oradour-sur-Vayres et Châlus.

Les terrassements et les ouvrages d'art ont été exécutés par l'Etat et l'inauguration a eu lieu le 31 décembre 1880.

Chemin de fer d'Eymoutiers à Meymac

Les travaux d'art et les terrassements ont été exécutés par l'Etat et l'inauguration a eu lieu le 8 octobre 1883.

Chemin de fer de Limoges à Brive, par Uzerche

Cette ligne, construite pour la grande vitesse, dessert Pierrebuffière, Saint-Germain-les-Belles et Uzerche.

Les terrassements et les ouvrages d'art ont été exécutés par l'État et l'inauguration a eu lieu le 1ᵉʳ juillet 1893.

CHAPITRE IV. — QUARTIERS NEUFS

Quartier Haute-Vienne

Ce quartier qui, avant la Révolution, tirait son nom du couvent des Ursulines, fut incendié en 1790 ; le couvent et plus de cent maisons furent la proie des flammes.

La tourmente révolutionnaire ayant fait naître l'insécurité, personne n'osait entreprendre la restauration du quartier. Mais, dès que ces temps difficiles furent passés, la ville fit dresser et approuver le nouveau plan du quartier, par lequel on créait les rues Haute-Vienne, de la Loi et Banc-Léger, chaque sinistré s'empressa de reconstruire sa maison.

Le plan prévoyait aussi la création d'une rue transversale à laquelle on donna le nom de l'ancien quartier.

Quartier du Champ-de-Juillet

La Révolution de 1830 ayant mis un grand nombre d'ouvriers sur le pavé, il importait de leur créer des moyens d'existence. M. Alluaud qui, dans ses voyages, avait vu la place Bellecourt à Lyon, celle des Quinconces à Bordeaux et tant d'autres, aurait voulu voir doter sa ville natale d'une place non moins étendue que la plus grande de ces dernières. L'occasion ne tarda pas à le mettre en situation de satisfaire ses désirs.

En effet, cet homme jouissant de l'estime de ses concitoyens et d'une grande popularité, fut porté à la première magistrature de la ville et son premier soin se porta sur l'objet dont il avait rêvé la création, ce qui lui permit d'embellir la ville et de faire vivre les ouvriers sans travail. Les travaux furent poussés avec une activité si grande qu'en moins d'un an toutes les gardes nationales du département y furent réunies le 1ᵉʳ mai 1831 et passées en revue par le colonel Dumas.

Les belles constructions que l'on a élevées le long des voies latérales et sur les belles avenues qui y aboutissent rendent ce quartier le plus agréable de la ville.

Quartier des Arènes

Le 15 août 1864 un incendie se déclara au bas de la rue des Arènes et prit un développement tel que les pompes de la ville devinrent impuissantes à en arrêter les progrès et sans le secours qu'apportèrent celles d'Argenton et de Périgueux la ville entière aurait été la proie des flammes. Dans ce désastre, plus de cent maisons furent brûlées. C'était navrant, mais ce qui était triste, c'était de voir étalé sur le Champ-de-Foire et en d'autres lieux les épaves que les malheureuses victimes avaient pu dérober aux flammes.

Le dévouement des compagnies d'assurances et les dons généreux arrivant de toutes les parties de la France permirent d'indemniser tous les sinistrés. Dès lors une société se constitua pour reconstruire le quartier et choisit M. Fayette comme gérant. On rebâtit le quartier en créant les trois rues des Arènes, Darnet et d'Aguesseau. La société avait été si bien administrée que les actionnaires en retirèrent un certain profit.

Quartier de la Société-Immobilière

Un de ces chercheurs d'aventure comme on en voit trop souvent pour le malheur de la société, avait conçu le projet de créer un nouveau quartier à Limoges. A cet effet son choix s'était porté sur une vaste étendue de terrain appartenant à M. Blanchard, ancien entrepreneur à Limoges, et, en y ajoutant quelques parcelles de peu d'importance, on avait formé un lot de onze hectares d'étendue.

Des marchés conditionnels furent passés avec les propriétaires ; on dressa le plan des rues à créer, puis on sollicita le concours de la ville de Limoges, qui n'hésita pas de promettre cinquante mille francs, mais à une condition que les circonstances ont empêché de remplir. Enfin, après tous les préliminaires, on s'empressa de fonder la société par un acte passé devant un notaire de Paris.

Mais, au lieu de payer les terrains avec les ressources fournies par les actionnaires, on jugea préférable de les faire servir au roulement des affaires d'une banque puis, par fractions successives, au nivellement du terrain et à la construction d'un égout collecteur. Ces travaux une fois terminés, le gérant, rendant ses comptes en 1869 au conseil de surveillance, établit la situation de la société comme il suit :

1° Actif : cent mille mètres de terrain, rues non comprises.

2° Passif : neuf cent cinquante mille francs.

D'où il résultait que pour la balance il eut fallu vendre les emplacements dix francs le mètre, tandis que, pour commencer, on ne vendit à l'Etat qu'au prix de deux francs cinquante centimes les terrains occupés par la Caserne des chasseurs.

Enfin, si les actionnaires ont tout perdu, je crois que les administrateurs ne se sont pas enrichis. Mais la ville, sans bourse délier, y a gagné un fort beau quartier.

Quartier des Emailleurs

Ce beau quartier, par son exposition au Midi et le bon goût qui a présidé à la construction des maisons qui y existent déjà, est appelé à un grand avenir ; car, éloigné comme il l'est du mouvement commercial, les logements y seront toujours recherchés par les rentiers et les hauts fonctionnaires.

MM. Ruben et Tarnaud qui en sont les fondateurs ont ouvert la belle avenue de la nouvelle route d'Aixe qui contribue à l'embellissement de ce quartier et si j'avais quelque pouvoir je la nommerais avenue Ruben-Tarnaud. Je crois que la ville leur devrait ce témoignage de reconnaissance.

Amélioration des vieux quartiers

Les villes qui ont l'avantage de posséder de grandes industries grandissent sensiblement, non seulement par des travaux exécutés par l'Etat, mais plus particulièrement par ceux exécutés par les particuliers. C'est ce qui a eu lieu à Limoges.

En effet, l'Etat a ouvert l'avenue du Pont-Neuf et la nouvelle route d'Aixe, et ces deux voies sont bordées de belles constructions. De son côté, l'industrie privée a reconstruit les quartiers Haute-Vienne, des Arènes, de la Société-Immobilière et des Emailleurs.

Cependant il ne faut pas méconnaître que la commune a créé la place du Champ-de-Juillet et ses belles avenues, mais il faut attribuer ces améliorations à la Révolution de 1830 qui avait mis un grand nombre d'ouvriers sur le pavé.

Quant à l'intérieur de la ville il est abandonné à son malheureux sort. La rue Centrale commencée depuis cinquante ans en est un triste exemple. Il est vrai de dire qu'en continuant le système pratiqué jusqu'à ce jour, les ressources de la ville seraient impuissantes à subvenir aux dépenses que des rues à l'intérieur pourraient occasionner. Ne pourrait-on pas employer à Limoges le procédé pratiqué à Paris pour le boulevard Sébastopol et tant d'autres voies nouvelles qui font l'ornement de la capitale et apportent l'hygiène dans des quartiers naguère deshérités ?

A vous, MM. les administrateurs de la ville, qui vous posez en bienfaiteurs du peuple, de nous montrer ce que vous pouvez faire pour lui; saisissez le taureau par les cornes et si vous avez du nerf et de l'intelligence vous parviendrez à le terrasser et à le vaincre; sachez faire preuve de désintéressement en faisant le sacrifice des palmes que d'autres ont cueillies en projetant la rue Centrale, vous en trouverez assez d'autres à cueillir si vous le voulez bien ?

Commencez par voter l'augmentation d'un décime sur les octrois et prélevez un autre décime sur les produits actuels, mais décidez ensuite que ces deux décimes seront uniquement affectés à introduire l'hygiène dans les vieux quartiers de la ville, non pas par vous-même, mais par des sociétés que vous subventionnerez.

Moyens d'exécution

Je crois devoir dire d'abord que dans le système que je vais indiquer, je n'invente rien, je ne fais que reproduire les dispositions appliquées par le célèbre ingénieur qui a ouvert des rues nouvelles au centre de Paris.

Ainsi, là où l'on ouvrirait une rue, on ferait une trouée de cinquante-deux mètres de largeur dont douze mètres seraient réservés pour la voie. Cette largeur me paraissant indispensable à une rue commerçante. Ensuite, je supposerais que les deux rangées de maisons auraient douze mètres de profondeur ayant chacune une zone de cours de huit mètres de largeur. J'aurais donc à exproprier 24 mètres de maison par mètre courant que j'estimerais à 200 francs le mètre, soit 4,800 francs, et 16 mètres de cours à 20 francs le mètre, soit 320 francs.

En prenant pour exemple un kilomètre de longueur, l'expropriation totale coûterait $4,800 + 320 \times 1000 = 5,120,000$.

La subvention de la ville ne devant s'appliquer qu'au sol de la rue, la dépense à faire de ce chef par la ville s'élèverait aussi à $240 \times 1,000$ mètres, soit 240,000 francs. Les emplacements à vendre présenteront une surface de $40 \times 1,000 = 40,000^m \times 128$ fr. $= 5,120,000$ francs, d'où il en résulterait que les emplacements ne reviendraient qu'à 128 fr. le mètre carré et si la rue n'avait que dix mètres on ne pourrait pas les estimer à plus de cent francs. En admettant qu'on ne vendrait les emplacements qu'à 128 fr. le mètre, tous les matériaux de démolition constitueraient un bénéfice appréciable; mais la ville devrait-elle augmenter la subvention qu'elle y gagnerait assez, les nouveaux matériaux à employer devant produire par les droits d'entrée un allégement à ses charges.

Tel serait le résultat probable que l'on obtiendrait dans une opération de cette nature.

Cependant une étude plus approfondie me paraît nécessaire, d'où j'en conclus néanmoins que cette combinaison semble offrir des avantages appréciables.

CHAPITRE V. — FONTAINES DE LIMOGES

Anciennes fontaines

Les anciennes fontaines de la ville de Limoges et les onze réservoirs qui y sont établis sont alimentés par des sources dont la provenance est indiquée ci-après, savoir :

1° Fontaine d'Aigoulène alimentée par le réservoir du Champ-de-Foire, lequel tire ses eaux des sources de Corgnac, de La Borie et de la propriété Pradier. 2° Réservoirs des bains chinois et Reix, alimentés par la source de la place d'Aine. 3° Fontaine des Barres, alimentée par la source du coteau Montjovis. 4° Fontaine Saint-Martial, alimentée par les sources recueillies dans les terrains Martin et Broussaud. 5° Fontaine de la Visitation, alimentée par des sources tirées du faubourg Montmailler. 6° Fontaine Saint-Cessateur, venant du bassin des Carmes. 7° Fontaine des Carmélites, venant du bassin du Piauland. 8° Fontaine des Fantaisies, venant du bassin d'Encombe-Vineuse. 9° Fontaine et réservoirs du Lycée, alimentés par les sources recueillies dans la rue des Augustins. 10° Fontaine de la Règle, tirée des sources des terrains Lamy. 11° Fontaine des Bénédictins, alimentée par des sources tirées du Champ-de-Juillet. 12° Fontaine du Masgoulet, alimentée par des sources recueillies dans le pré voisin du Bon-Pasteur. 13° Fontaine du Naveix, tirée des sources recueillies dans la rue du même nom. 14° Fontaine des Casseaux, venant des sources de la caserne des Bénédictins. 15° Fontaine du Clos-Sainte-Marie, provenant des sources recueillies dans les terrains Pichaud.

Ces sources alimentent neuf réservoirs publics, savoir :

1° du Champ-de-Foire, 2° de la place de la Motte, 3° de la Préfecture, 4° de la Monnaie, 5° du Lycée, 6° du jardin du Lycée, 7° de la Pyramide, 8° de l'Evêché, 9° du Jardin botanique.

Deux réservoirs existent, savoir : 1° Aux bains chinois, 2° Aux bains Reix. Le trop plein de ces réservoirs est dirigé dans la grande caserne de cavalerie du Séminaire.

Les neuf réservoirs publics alimentent quarante bornes-fontaines dans l'intérieur de la ville, nombre qui, ajouté aux quinze bornes déjà nommées, produit un total de cinquante-cinq fontaines.

Sauf la fontaine d'Aigoulène, toutes les anciennes dont l'énumération précède ont cessé de fournir des eaux pour l'alimentation publique, attendu que leurs lieux de provenance se trouvent occupés par de nouveaux quartiers bâtis. L'impureté en ayant été constatée, on a dû les affecter exclusivement aux arrosages dès que de nouvelles eaux ont été amenées pour les remplacer.

Nouvelles fontaines

Les nouvelles fontaines sont alimentées par les eaux qui proviennent des montagnes granitiques qui forment le faîte séparatif des bassins de la Gartempe et de la Vienne.

Toutes les eaux qui alimentent aujourd'hui les fontaines de la ville de Limoges ont été recueillies dans des tranchées à ciel ouvert ou galeries plus ou moins profondes, tranchées à la base desquelles on a établi des aqueducs en pierres sèches de $0^m,30$ d'ouverture sur $0^m,30$ de hauteur. Ces aqueducs, dans leur ensemble, forment une longueur totale de douze kilomètres environ ; ils sont établis sur quelques parties de territoire des communes de Saint-Sylvestre, Ambazac, Compreignac, Bonnac, Couzeix et Chaptelat.

Des tuyaux en ciment, de diamètres variant de $0^m,10$ à $0^m,85$, reçoivent les eaux des aqueducs et les conduisent dans le grand tuyau collecteur qui à son tour les conduit et les déverse dans le réservoir des Tuilières. Ce tuyau affecte une forme ovoïde dont le grand axe est de $1^m,40$ et le petit de $0^m,80$. Ce tuyau est également en ciment.

Un autre tuyau semblable prend les eaux dans ce dernier réservoir et les conduit dans celui des Ruchoux, près de l'école de ce nom.

Enfin un autre tuyau prend les eaux dans le réservoir des Ruchoux et les conduit dans celui de la place Haute-Vienne.

Le réservoir des Tuilières contient cinq mille mètres cubes d'eau et chacun des deux autres trois mille.

Le grand tuyau d'amenée des eaux à son origine au village de Védrenne, à quatorze kilomètres de Limoges. Tout en étant disposé de façon à permettre de conduire les eaux à leur destination, il s'infléchit en forme de forçant (terme de fontainier) à la traversée des vallées. Un tampon de décharge est établi à la partie inférieure pour en extraire les dépôts de corps étrangers pouvant nuire à l'écoulement des eaux.

Le volume des eaux ainsi conduites à Limoges est, en moyenne, de six mille mètres cubes en vingt-quatre heures.

Ce qui donne par heure $\frac{6,000}{24} = 250^m$.

Par minute $\frac{6,000,000}{1,440} = 4,167$ litres.

Par seconde $\frac{6,000,000}{8,640} = 70$ litres.

En supposant que la population de la ville atteigne 80,000 habitants les 6,000 mètres cubes d'eau qui alimentent les fontaines, donneraient :

Pour chaque habitant en 24 heures $\frac{6,000,000}{80,000} = 75$ litres.

Il est peu de villes qui soient, comme Limoges, pourvues d'eaux abondantes, agréables et limpides, tirées comme elles le sont de montagnes granitiques relativement élevées.

Les eaux sont distribuées en ville au moyen de tuyaux de fonte dont la section varie selon l'étendue des quartiers à desservir, c'est-à-dire depuis un diamètre de $0^m,10$ jusqu'à celui de $0^m,50$.

Dans quelques rues ou faubourgs on avait posé des tuyaux qui sont devenus insuffisants par suite de concessions imprévues et de causes multiples qu'il serait trop long d'énumérer ici.

En 1876, c'est-à-dire au moment de l'achèvement des travaux et de l'inauguration des fontaines (16 novembre 1876), la canalisation affectait une longueur de trente kilomètres environ et à l'heure qu'il est le réseau approche de cinquante.

Aujourd'hui, le nombre des concessions atteint le chiffre de 1,800 ; elles rapportent annuellement à la ville un revenu qui approche de 80,000 francs. En en prélevant un quart pour l'entretien et le personnel, il restera 60,000 francs qui, au taux de trois pour cent, répondent à un capital de deux millions et pour surcroît d'avantages on alimente une ville de 76,000 habitants avec une abondance peu commune.

Que ceux qui jouissent chaque jour de ces bienfaits n'oublient jamais qu'ils les doivent à l'initiative de M. Le Myre de Vilers, ancien préfet de la Haute-Vienne, au zèle et à la persévérance de M. René Pénicaud, ancien maire de Limoges et à l'ingénieur en chef Lesguiller qui en a dirigé les travaux.

QUATRIÈME PARTIE. — BIENFAITEURS DU PAYS

En traitant des matières qui font l'objet de l'œuvre que j'ai entreprise, j'ai pensé qu'il convenait de récapituler ici les services rendus au pays et à la ville de Limoges par les hommes de bien qui se sont succédés à la tête des administrations du Limousin, du département et de la ville elle-même.

Ainsi, selon que le vent a soufflé de l'un ou de l'autre côté, on a élevé des statues, donné à des rues et à des établissements les noms des personnes qui ont servi la patrie, leurs concitoyens ou leur cause ; mais il en est tant d'autres qui sont restés dans l'oubli et qui n'en ont pas moins rendu d'immenses services déjà cités au cours de cet ouvrage ; j'ai cru devoir récapituler leurs œuvres ici pour bien faire comprendre au peuple qui en jouit, que la reconnaissance est une vertu qui honore.

Ainsi donc, parmi les bienfaiteurs du Limousin, il importe de citer les suivants :

Turgot

L'intendant Turgot, qui, le premier a doté le Limousin des belles routes qui aboutissent à Limoges, et ce, dans un temps où elles n'y existaient que de nom. Il supprima la corvée et diminua les impôts, proclama la liberté du commerce des grains et préserva le pays de la famine, favorisa les progrès de l'agriculture et de l'industrie, etc.

François Alluaud

Le grand industriel du Limousin, François Alluaud, soit en sa qualité de maire de la ville de Limoges, soit en celle de membre ou de président du Conseil général, dota la ville de cette belle place du Champ-de-Juillet et de ses avenues, place qui ne le cède en rien à celle de Bellecourt à Lyon, aux Quinconces de Bordeaux, à Blossac de Poitiers, à la Haute-Plante de Pau, à Jaude de Clermont-Ferrand.

M. Alluaud exerça son influence en vue d'obtenir la construction du Pont-Neuf, celle du Palais de Justice, de l'Abattoir et, chose d'une grande importance qu'il ne faut pas oublier, il obtint l'exonération des droits d'entrée sur les combustibles employés à la cuisson de la porcelaine, mesure qui a permis de conserver à la ville cette industrie et d'éviter le déplacement des ouvriers qui en forment le personnel. Dès lors on a vu augmenter progressivement le nombre des fabriques et conséquemment celui de la population qui, de 20,000 qu'il était en 1815, atteint à l'heure qu'il est plus de 70,000, ce qui place Limoges au 17° rang parmi les villes de France. Cependant personne ne se douterait que cette croissance est due à l'œuvre de M. Alluaud. On voit donc par là que les plus petites choses peuvent produire de grands effets. Heureux sont ceux qui savent ainsi faire le bien, mais plus heureux encore sont ceux qui en sont l'objet.

Pour faire vivre les ouvriers jetés sur le pavé par la Révolution de février 1848, il obtint encore du Gouvernement l'ouverture de la nouvelle route d'Aixe par la vallée de la Vienne, route qui constitue la plus agréable promenade de Limoges.

En présence d'une carrière si bien remplie pour le bien de la ville de Limoges et du pays en général, tout esprit de parti doit s'effacer devant tant de bienfaits, pour reconnaître que M. François Alluaud a été un des plus grands bienfaiteurs du pays.

Si les socles des statues n'étaient pas exposés à l'atteinte de la pioche du démolisseur venant de l'un quelconque des quatre points cardinaux, on devrait élever une statue à François Alluaud, sans préjudice de l'avantage que fournit la plume pour rappeler à la postérité le souvenir d'un homme de bien.

Louis Ardant

Louis Ardant, comme premier magistrat de la ville, a fait entreprendre l'ouverture de la rue Centrale qui devait assainir des habitations dépourvues d'air et de jour, tant les rues sont insalubres par leurs faibles largeurs. Et cette œuvre de salubrité est restée dans l'oubli. On a parlé du quartier Viracland avant d'achever la rue Centrale. Est-ce que le magistrat qui fera entreprendre l'assainissement de ce quartier sera assuré d'en voir l'achèvement? et par les précédents de la rue Centrale n'est-il pas permis de prévoir le même sort à cette nouvelle amélioration?

De telles entreprises seront toujours négligées tant qu'on n'affectera pas annuellement un crédit spécial destiné à l'hygiène des quartiers déshérités de la ville. Les hommes sont ainsi faits, ils relègueront toujours au dernier rang l'achèvement de l'œuvre dont la gloire de l'invention reviendra à un autre.

Othon Péconnet

Ce fut pendant que le célèbre avocat Othon Péconnet occupait la première magistrature de la ville de Limoges que l'on reconstruisit le quartier des Arènes à la suite du grand incendie de 1864.

Ce fut encore sous son administration que l'on ouvrit le quartier de la Société-Immobilière (1866-67), quartier qui est devenu un des plus beaux de la ville.

Léon Talabot

Il ne faut pas oublier les services rendus au Limousin par Léon Talabot comme député de la Haute-Vienne. Par sa haute influence et l'éloquence qui lui était propre, il avait obtenu du gouvernement tous les fonds nécessaires à la construction du Pont-Neuf, du Palais de Justice et le classement de plusieurs routes importantes devant traverser le département.

Quand l'expérience eut démontré tout le bien que les chemins de fer devaient procurer au pays pour le développement de l'industrie, du commerce et de l'agriculture, Léon Talabot voulant en doter son pays, obtint les études, le projet de l'exécution de la ligne de Châteauroux à Limoges. Ce résultat obtenu, les prolongements sur Périgueux, sur Poitiers et sur Toulouse devaient s'en suivre naturellement.

René Pénicaud

René Pénicaud, dont la sollicitude était si active pour tout ce qui pouvait intéresser la ville de Limoges et le bien-être de sa population ; en sa qualité de premier magistrat de la cité, il l'a dotée de ce beau palais de ville, grâce au legs Fournier.

Ce magistrat, puissamment appuyé par M. Le Myre de Vilers, préfet du département, a pu réaliser le projet qu'il étudiait depuis longtemps déjà de conduire de nouvelles eaux à Limoges pour l'alimentation publique.

M. Pénicaud a voulu faire encore plus de bien à sa ville natale en la dotant du nouveau pont Saint-Martial sur la Vienne.

Le Myre de Vilers

Il est des hommes qui sont nés pour faire le bien et quand les circonstances les guident dans cette voie, on peut dire qu'ils sont heureux et que ceux qui en partagent les bienfaits ne le sont pas moins. M. Le Myre de Vilers est un de ces hommes d'un dévouement sans bornes pour tout ce qui a trait à la félicité publique. Pour s'en convaincre il suffit de le suivre tous les jours de sa belle carrière, et s'il vous dit qu'il est heureux, ce ne sera que du bonheur des autres.

Tels sont les souvenirs que ce bienfaiteur a laissé en Limousin, comme premier magistrat de la Haute-Vienne :

Par son zèle et sa haute influence, il a doté le département des chemins de fer de Limoges à Eymoutiers et à Mèymac, de Limoges au Dorat, de Saillat à Bussière-Galant, et il a posé les bases de celui de Limoges à Brive par Uzerche dont l'inauguration a eu lieu le 1er juillet 1893.

Il a encore doté le département de toutes les nouvelles maisons scolaires.

Enfin, en faisant venir un ingénieur spécial, il provoqua l'exécution immédiate des travaux de recherches et de conduites d'eau pour la ville de Limoges.

Le docteur Chénieux

Le docteur Chénieux qui, pendant son trop court passage à la première magistrature de la ville de Limoges, a trouvé le moyen de faire connaître son aptitude à la bonne administration d'une cité, en n'hésitant pas à recourir à l'emprunt pour unifier la dette de la ville, et réduire les charges résultant d'anciens engagements touchant les intérêts, réductions qui ont permis de réaliser les ressources nécessaires à la construction d'un hospice pour les vieillards.

On se rend difficilement compte que dans une ville de 76,000 habitants, tant de magistrats se soient succédés sans songer qu'il manquait dans notre ville une maison de refuge pour les vieillards sans ressources. Il a fallu qu'un de ces hommes de dévouement qui ont vu chaque jour le spectacle des misères humaines, arrivât au pouvoir pour combler une lacune si regrettable à tous égards, je veux parler de M. le docteur Chénieux que l'on surnommerait à juste titre la Providence des malheureux.

Il a pu parvenir à cette œuvre indispensable, savoir :

1° Par le legs du Dr Chastaingt, capitalisé........ 350,000 fr.
2° Par la subvention de l'Etat sur les fonds du pari mutuel..................................... 175,000 fr.
      Total............ 525,000 fr.

Cette œuvre si utile est sur le point de s'achever. Son emplacement a été parfaitement choisi dans le quartier du Sablard, le long de la route de Clermont. Je me permettrai donc de la nommer Hospice Chénieux.

Alphonse Grellet

M. Alphonse Grellet, né à Brive le 26 mars 1805, avait vingt-six ans quand il vint à Limoges en qualité d'élève ingénieur ; en 1833 il fut nommé ingénieur ordinaire et chargé en cette qualité du service de l'arrondissement du sud en résidence à Limoges.

A dater de cette époque il dirigea les travaux du Pont Neuf de Limoges jusqu'à la livraison de cet ouvrage d'art (20 juillet 1839).

M. Gabriel Grellet, le grand-père de M. l'ingénieur Grellet, avait été le premier à monter une fabrique de porcelaine à Limoges. En 1784 il vendit son usine au roi, qui envoya à Limoges des ouvriers de la manufacture de Sèvres et nomma M. Grellet directeur.

En 1836-37, M. Grellet dirigea la construction du pont suspendu du Vigen sur la Briance (route départementale n° 2) pont qui fut exécuté directement par le département dans des conditions de perfection et de solidité peu commune.

En 1837, il fut chargé directement par le Ministre des études et du projet de canalisation pour la jonction de la Garonne à la basse Loire, dans la section comprise entre Périgueux et l'embouchure de la Briance dans la Vienne, par l'Isle, la Ligoure, la Briance et la Vienne. Les études furent commencées en juillet 1837 et le projet estimant les dépenses à douze millions pour cette section fut envoyé au Ministre en mars 1838.

Le 18 mars 1839, et sur sa demande, il fut chargé du service de la navigation de la Meuse, en résidence à Charleville, où il fit exécuter des travaux hydrauliques très importants.

Le 14 août 1844 il fut chargé du service de la navigation de la Saône et des travaux d'amélioration de cette rivière, en résidence à Gray. Le Ministre le chargea en outre du projet de chemin de fer de Gray à Auxonne.

Le 7 décembre 1846 il fut chargé de la direction des travaux de la deuxième section du chemin de fer de Tours à Nantes, en résidence à Angers.

Chevalier de la Légion d'honneur, il fut nommé le 27 novembre 1847, ingénieur en chef du département des Deux-Sèvres, et le 10 janvier 1850, ingénieur en chef de la Haute-Vienne et officier de la Légion d'honneur. Enfin M. Grellet termina sa belle carrière à la limite d'âge (1867), alors qu'il était encore en état de rendre de bons services à l'Etat.

En quittant l'administration, M. Grellet emporta les regrets de tous ses collaborateurs et les miens en particuliers, et à sa dernière heure tous ses amis l'ont pleuré.

Outre les éminents services rendus à l'Etat, à ses collaborateurs et à tous ceux qui mettaient son obligeance à contribution, M. Grellet était d'une modestie peu commune; il caractérisait parfaitement ce proverbe : le mérite se cache, il faut l'aller trouver.

Heureuses les familles qui comptent au nombre de leurs ancêtres des hommes qui ont eu le mérite, par la pratique des vertus, d'enseigner le moyen de se faire aimer ici-bas et de se faire regretter dans la tombe.

M. Alphonse Grellet, qui avait épousé une femme digne de lui, Mademoiselle Thézard, d'une famille dont l'éloge n'est pas à faire, M. Grellet, dis-je, était noble par son père de Grellet et par sa mère de Ferret; tout en appréciant cette distinction à une haute valeur, il eut l'ambition louable d'acquérir un troisième titre, celui de se rendre digne de l'estime publique par ses actes. Quel noble caractère et quelle rare modestie. La particule est donc restée sur les lettres que son fils conserve religieusement, mais aussi sans en user, comme l'avait fait son père; pensant comme lui, qu'il y a encore plus de mérite à s'ennoblir soi-même. Je ne puis que lui en adresser mes félicitations bien sincères (1).

(1) Admis dans les bureaux de M. Grellet le 5 janvier 1838, il m'attacha à la surveillance des travaux du Pont-Neuf de Limoges en qualité de piqueur temporaire.

Après avoir terminé les études de canalisation pour la jonction de la Garonne à la basse Loire, il me fit nommer conducteur en 1838 et dès lors, je fus envoyé en cette qualité dans le département du Puy-de-Dôme, où je restai onze ans, après avoir refusé deux fois un service d'arrondissement, l'un à Yssingeaux et l'autre à Thiers.

Revenu dans la Haute-Vienne en 1840, M. Grellet y revint lui-même en 1856 et me chargea du service de l'arrondissement de l'Ouest, que je dirigeai jusqu'en 1868, époque à laquelle je demandai mon admission à la retraite.

Des bienfaits de cette nature ne peuvent s'oublier et je crois remplir ici un devoir de reconnaissance à la mémoire de cet homme de bien en énumérant les services qu'il a rendus à l'État pendant le cours de sa belle carrière dans les départements des Ardennes, de la Haute-Saône, de Maine-et-Loire, des Deux-Sèvres et de la Haute-Vienne.

Limoges, Imp. V° H. Ducourtieux, rue des Arènes, 7